重慶府涪州志卷之四

藝文

天壤無文章將恐褻世運無文章將恐歆人事無文章將恐蹶是文章一道所係匪細第間歌剩詠不在茲選惟有裨風教者乃載古今一揆也作藝文志

諭祭文

明皇帝遣四川布政使司布政使劉大謨致祭戶

科給事中劉濟曰維爾資性方嚴才猷敏達出身甲第列職諫垣剛正不阿忤於權貴杖而奪職罰戍邊圉旋起卿貳杖疲莫就方資罰用倏爾淪亡屬朕初載首錄忠良特示恤恩諭賜塋祭九原有知尚其歆諸

乞謚宋景濂先生疏　　劉蒞

臣聞之記曰節以一惠謚以易名故生而有爵死則有謚周之道也先王制治謂欲善而恥惡夫人之同情彰善癉惡爲治之要務如彼賢聖固無事於抑揚乃若中人直有待於懲勸故自成周至於今日率用此道鼓舞士風蓋其節惠之法善善恒長惡惡恒短德學有聞才節兼卲無他疵疾固宜與之美謚尺璧而微瑕或瑕不掩瑜則節其善

以爲謚即行雖未有聞而一善不可掩則但取其善以爲謚皆以示勸也善泯而惡揚乃得惡謚則以示戒也故雖孔文子猶得謚文而幽厲賊孝子慈孫不能改也漢唐以下謚之之善多謚之惡少本朝制謚不宣其惡列聖愛惜人才忠厚尤至若夫少有過咎或遭譴謫則節惠之典例不復舉以是坊士士猶有棄背淫法守以自速戾者然後知節惠之斬所以公天下也然過咎有眚有怙則謚

計有幸有不幸罪出於怙誠不足矜罪出於眚宜
若可宥故歐陽修以罪黜州郡去而卒猶謚文忠
蘇軾以罪竄海外歸而卒亦謚文忠蓋修有文章
兼有忠勞故宋溥其辜軾有文章兼有忠節故宋
略其過宋之遇士大夫亦庶幾乎先王矣國家肇
基之初物色老儒於金華山中首得宋景濂之文
學故高太祖之接禮亦厚備顧問則有裨補聖聰
之益掌綸綍則有黼藻聖治之功講左氏傳則勸

讀春秋論黃石書則請觀寶典六韜及軍畧以得人
爲規諫及牛租以捐利爲戒總元史筆削居多封
功臣則論其當神仙之問則謂此心爲務以求賢才
袞冕之詞謂此服祗用以祀天地至云帝王之學
獨衍義爲要三代之治必仁義爲歸冊曆有編受
命之蹟可考辨姦有錄知人之鑒自昭寶訓作而
貽謀燕翼之道以傳祖訓序而創業守成之戒攸
在律曆咨之制度參酌爲之樂章紀敘修纂閱史

志銘功德語協旂常屬之政事則辭屬之議論則不辭問之君子則對問之小人則不對誠悃形於事行忠告寓於文詞是以予之勅符予之楚辭皆寵以奎畫予之襲衣予之甘露悉出以特恩賜坐於便殿而嘆其純賜飲於御筵而强之醉致仕而留之左右爲曰甚久來朝而延之禁中爲禮甚優辭則爲之觴道塗去則爲之感夢寐受恩至此得君可知方爲贊善之時茂修勸學之職讀書請究

典亡之故謹禮請防言動之非稱呼致父師之名褒賞俊[illegible]學之翰故聖論謂爲開國文臣之首而士論尊爲間世儒者之宗偶孫慎于犯於班行濂亦連坐於桑梓法從末減猶安置於茂州天不慭遺遂丧亡於夔府既不蒙葬祭亦不蒙贈謚當世莫爲之言蓋以爲罪人也至今莫爲之言又以爲往事也臣惟我太祖昭代之聖君而濂以學問文章爲昭代之名臣顧以外至之愆遂廢身後之澤

靑流非常之恩典久廢之事特勑禮官討論內閣
盡一賜濂揚明之典則聖明彰善之政善善之心
激昂人才之風光輝文治之運一舉而兼得追跡
先王矣宋安得專美哉臣下情無任瞻越仰望之
至

臣今獨爲之追言則以爲缺典也歐陽修蘇軾皆以得罪於宋或出或竄及其没也宋以其一代文宗不以有罪而奪其謚濂之文章實爲本朝歐蘇當時得罪自其孫不自其身天地之大當見容也日月之明當見察也見容見察則漏泉之澤當身恤矣臣往年得罪言路欲言之而未及今者蒙恩承乏適濂之鄉郡故敢以濂爲言伏望聖慈追念濂爲聖祖文學舊臣爲本朝文章大家畧可赦之

薦兵部尚書劉大夏疏

劉涖

臣惟成天下之治功在賢才別天下之賢才在公論寄天下之公論在科道科道者明賢辨姦遏惡揚善之門也科道之言同出於至公則劾一姦惡而羣邪落魄薦一君子而士類揚眉公道昭明忠良必遂天下未有不治者也苟或家立町畦人懷封畛好惡拂乎公論愛憎僻於私情則忠讒混淆邪正雜揉天下未有不亂者也昨者尚書馬文昇

致仕會推員缺或薦或劾衆議譁然其中亦有公論不明彈劾失實者臣不得不辨且如尚書劉大夏臣不詳知其人嘗於兵部閱章疏見其敷奏有方心竊慕之及見先帝委任之隆陛下嘉留之切臣意一時之望也今乃有劾其有愧於先進之人謂不得與馬文昇相伯仲而亟宜黜退者則是非乖謬亦甚矣昔我太祖皇帝謂廷臣曰觀人之法即其小可以知其大察其微可以知其著視其所

不爲可以知其所爲臣嘗奉此言以觀當代之士夫如劉大夏官至二品不爲其子乞恩比之縱子庇婿者爲孰優小者如此大者可知其子弟俱在原籍恪守家法寂無形跡比之縱容家人商販四方囑托衙門者爲孰優微者如此著者可知歷官數十年其家不踰中人之產比之田連阡陌甲第通衢者爲孰優其所不爲如此則其所爲可知矣夫以大夏持身如此而諸臣下有斷斷不可之意

則公論先晦於朝廷其何以服天下哉臣非曲爲大夏辨說也但念天之生才不甚難國家之得才尤難才用於時而能完始終之節爲更難古人之行如玷貞女臣竊爲今之士夫不取也記曰古之君子進人以禮退人以禮今之君子進人若將加諸膝退人若將墜之淵故馬文昇一人也有劾其懷姦欺罔者又有頌其勞績茂著者劉大夏一人也有薦其簡質無私者有劾其淸議鄙薄者甲可乙

丞莫知適從昔漢御史大夫張忠詿奏京兆尹王尊罪壺關三老公乘輿上書訟尊之寃曰一尊之身三期之間乍賢乍佞豈不甚哉今一人之身數日之內屢變其說此正所謂乍賢乍佞也陛下從何聽信焉人謂閔珪有擠井下石之嫌者不知擠誰於井謂劉大夏有蹊田奪牛之狀者不知奪誰之牛迹其心若爲馬文昇不平焉者殊不知文昇官高一品壽踰八旬投閒頤老實惟其時亦惟其

願也荷蒙陛下厚其恩禮准其致仕予奪之柄悉在朝廷閔珪何能擠於井大夏何能奪之牛哉如斯言論大傷國體殊非治世所宜有者況今皇上新政之初凡厥庶僚正宜同心一德共圖至理邪乃方底圓蓋牴牾時政臣恐壞天下之公論惑陛下之見聞生人心之荊棘而使老臣不安其位人主孤立於上故不得不詳悉爲陛下言之也乞勅吏部查勘閔珪劉大夏果有前項擠井下石蹊田

奪牛情由宜奏請黜罷如無此事亦宜究治造言
之人使老臣得以安其位而行其志勿使負屈於
青天白日之下也更祈備查劉大夏歷官年勞應
否廕子緣由上請聖裁如果相應乞准其子一人
送監以爲人臣盡節者勸如此則言路正公論明
人心服而天下安矣

劾逆璫劉瑾疏

劉蒞　明戶科給事

䟽畧云事勢異常人心憂懼聰明漸閉獘政日滋事之急者不能安言心之痛者不能緘聲竊見司禮監太監劉瑾招引入黨或係春官近侍或係天子舊臣日導上以非禮之欲章奏落其掌中機務因之自决或於禁中搏兎深宮豈搏兎之所或於朝堂交販天子豈貿易之人臣思方今備邊無良策只增年例之銀理財無良謀賣及廣東之庫浙江既奏軍士無糧餉皆已累数月山西又奏歲入不敷歲出者幾五十萬小民困苦而征歛益急帑藏空乏而用度日奢今日之財用如此陛下何所恃而不動心哉眎邊報將士有盔者無甲有馬者無鞍大將不識偏裨偏裨不識兵卒今日之軍威如此陛下又何所恃而不動心哉地方鎮守諸臣何必紛紛替回用新人固不如用舊人也各處差遣太監何必数数更換養餓虎固不若養飽虎也

云

云

旌陳母趙夫人節孝疏　陳藎

崇禎年月臣祖母趙氏年二十七歲稱未亡人相倚命者僅臣父致孝弱齡耳四壁蕭條窮愁備歷竭養寡姑黃氏備至襄事盡禮茹荼飲蘗已不堪行道酸傷矣乃賦性峻方雖臣父一脈如綫絕不作婦人憐惜態出則延師督課歸則紡績伴咿唔聲丙夜不休仍以忠孝二字時爲提醒起居言動不令纖毫踰越因漸訓及臣兄弟諸孫繼來因貧臣父補增廣生爲州庠名儒臣兄直舉萬曆十年鄉試臣舉萬曆三十四年鄉試臣兄直之子計安舉天啓四年鄉試餘尚居業未竟皆出臣父一經家傳而又孰非祖母督誨之力也哉臣兄直歷任郿縣廣信府同知清異聲績兩地可考臣歷任藁城良鄉永蘖衡途叨蒙今職遡本追源則又皆祖母苦節之遺訓也臣父在州庠時里耆紳士公舉上之按臣宋仕旌扁其門即欲奏聞而至[illegible]以

婦節應爾且年未及格暫止嗣後享年八十六歲
守節近六十年臣自欒城歸且終且殯矣適臣鄉
值重慶府兵變又何敢煩地方官旌節之請也茲
念臣父前受貤封鄖縣知縣臣欒城縣之贈例格
莫伸今又恭遇恩詔應加授刑部主事矣臣父屢
受皇恩高厚莫極而轉思其始爲誰乃致九原之
幽德尚有未闡井里之觀望久而未愜此臣之日
夜憂思䙚䙚欲控而又咽咽不敢冒陳者也伏讀

恩詔內一款表揚節婦所以扶植綱常勸勵風俗
政之大本緣有司苦於坊價難措遂使幽芳不揚
又云其子孫自願相資造坊者有司官給與扁額
臣再三莊誦王言因慶恭逢聖世抑何使藪澤無
不耀之幽光遐陬無不宣之神化也臣於此時不
一控陳是臣下負水源之始基於家既不可爲子
上負風勵之盛政於朝亦何以爲臣乎察得御史
王珙主事吳加賓皆爲祖母旌節具疏上請臣以

身私實與相同爲是遲陳肎昧且疏上聞

[illegible]八[illegible]文

北[illegible]

夏老姑傳

李長祥

夏氏老姑州人也父子霨萬曆間明經生姑夏氏遠祖江南英山人元末因避亂之蜀其後或在壁山或在江津或在涪而涪爲盛世世以科名顯爲涪望族涪之人思結婚姻必曰夏氏子霨生三女姑幼及年十五議娶婦者數求姑子霨正爲姑卜姑忽憶女子以貌事人者也人之情何限貌不終善其意中道而變之者多矣吾不幸爲女子女子必事人吾不願也於是屏膏沐反絺綌爲布一身無所飾父母大驚異姑前告之以其故則曲與勸止姑志已定無可如何各流涕痛憐隨之矣久之年漸長家之人無所呼呼爲老姑姑好讀書與諸兄辨析古今有卓識諸兄多遜服而性嚴峻常繩上下以禮家之人皆憚之或羣聚僻處燕笑影見姑亟曰老姑來矣皆散去有喜女者不知其何姓氏姑婢也與姑少長等夏氏世世科名貴顯諸兄

又有貴者家婢左右侍立姑皆不役獨役喜女以喜女堅忍能附姑者也役之久亦不欲妻人竟與姑願終寡姑亦深任之卒與姑終寡以死姑以女子守三十年死喜女亦竟以女子與姑守姑死喜女哭三年自盡涪之人至今稱述其事父老猶歆歔出涕以爲老姑之役喜女也識喜女也故卒得喜女也能終始也喜女之終始老姑也識老姑也其役於老姑也不苟役也日常出汲老姑蓋不僕役故喜女出汲一日出汲將抵家有男子噪渴奔來乞吸其水飲訖喜女傾之其人曰何爲然曰吾此水以供吾老姑者也公男子吸之吾不忍以餘供姑也其人媿謝過見之者莫不相顧嘆息不巳喜女於是復往水處汲之返焉

李長祥曰先老姑之世有女夏氏適張氏子庠生詡詡早死夏氏年二十無子或勸之再歸夏氏不言但默告之祠神主家人不識其何故亡何引刀

斷其左耳矣夏氏解學畫以詡故欲得其形貌畫成追思彷彿畫之似即毀去筆墨不復畫自是飲食坐寢必在詡影前罷必雙坐詡時即作雙坐如是者二十年死遂同穴考之則老姑之姑也姑之去世旋踵耳又老姑出焉夏氏之女子何不幸哉何幸哉嗚呼悲夫

鄒劉合刻序

鄒公諱智理學名臣合州人　倪[illegible]

吾郡蓋有鄒立齋劉秋佩二公云先生素天下士論論其大者一讀書中秘當[illegible][illegible][illegible][illegible]之時抗疏危言首列忠佞一焚草青[illegible][illegible][illegible]滔天之日感時流涕立抵逆璫至今[illegible][illegible][illegible][illegible]生氣合人舌吐而不收其不然於二公[illegible][illegible]者幸也夫披龍鱗同履虎尾同齋志抱憤不獲竟展其用同兩先生蹤俱未有合刻之者合之自郡守龍公督撫王公始二公雅好讀書而於忠義則稱兩先生居是邪事大夫之賢者兩公其有焉余不佞受而卒業劾嘆國朝在弘正間一壞於庸相消能委靡頑鈍不知人世間有可羞[illegible]所稱正人君子如三原輩率擯斥不用而大[illegible]壞則逆璫竊權倒持太阿論弄神器祖宗二百六十年之國脈幾不絕如綫一時朝紳靡然無[illegible][illegible]眉氣而先生哭抗疏孤劾歷跡遊於上無[illegible]知之素於下無朋黨之援天[illegible]

同閈之私不惜干霄之焰出萬死一生之中徼萬一見聽之倖積於衷之所無欺而發於性之所欲吐子曰勿欺也而犯之又曰信而後諫則兩先生之自信信人爲何如哉秋佩讀易伊川洞立齋晚從白沙遊處則嘿嘿出則諤諤其素所蓄積也獨怪學士大夫居恒扼腕恨不披瀝談天下事及至事權到手荃蕙化而爲茅非中靡於弱骨則外張於虛氣非剿襲於雷同則苟且以了局不則其植

黨也其樹權也一人也衆有所獨歸則媚之以干澤衆有所偶去則借之以沽名一疏也非藏頭露尾中人主之猜則借甲指乙憑在覆之射若兩先生者豈不明目張胆解衣折檻烈丈夫哉可以欺人可以自欺不可以欺天下後世猶欲刻其疏而信諸後則兩先生之自信信人爲何如藉令兩先生在執鞭所欣慕焉

學宫碑亭記

賈　元　郡人

碑亭之建臣子所以奉揚國家至美勒之金石以示無窮至正癸巳夏四月涪郡守臣僧嘉閭新建碑亭成教官張安具其事之本末俾元爲文以紀之蓋知天之至者必崇天而極其至知聖人之至者必崇聖人而極其至昔者帝堯知天之至故曰欽若昊天至我孔子知聖人之至又曰大哉堯之爲君於天而曰昊於堯而曰大哉可謂極其至矣自孔子没惟孟軻氏知聖人之至故曰孔子之謂集大成自生民以來未有孔子厥後世君世主皆不能知漢平之封止曰褒成侯其後有封鄒國公者有封隆道公者及唐玄宗封文宣王宋真宗於文宣之上加元聖二字後又改爲至聖其號畧備亦豈足以盡聖人之德美焉至我聖元禮極隆備振耀古今此碑之不容於不刻也成宗皇帝制若曰孔子之道垂憲萬世有國家者所當崇奉其言

至矣盡矣武宗皇帝之踐祚也首祀先聖若曰先孔子而聖者非孔子無以明後孔子而聖者非孔子無以法於至聖之上特加大成切當之論極古未有文宗皇帝在位之四年制謂生知之出有開必先乃封先聖父母爲啓聖王夫人又謂闡門成教尚虛元娩之封乃封夫人亓官氏爲至聖文宣王夫人一家之內自上及下自外及內皆被寵榮有光萬年極前代所無又謂聖道之傳由其徒嗣而明之而褒顏曾思孟爲後聖宗聖述聖亞聖封以上公亦前代所無歷聖之心可謂知聖人之至故能盡尊聖人之典其文當與天地日月相爲無窮然元竊伏思之創業垂統之君具高世之識不凡之見故能立一代令典爲後世取正恭惟我世祖聖德神功文武皇帝受命首重聖師春秋嚴釋奠之禮原廟陞祠祀之制開大學爲首善之地教胄子爲出治之原其在待王焉也每見則賜之以

當時仕元而不名其在正位也禮命名儒許衡隆以師禮親之信之一時文化之盛遠出前代是又神孫善繼善述皆自此爲之張本皇上以天縱之姿尤用意文治人才彬彬克復至元之盛此當勒之金石爲萬世法程也浩之文廟舊惟一碑刻至元三十一年大德十一年詔文其餘封謚之碑未遑也守臣僧嘉閭至郡深爲缺典乃捐俸金采堅砥召匠掄才勒碑建亭命學正張安董其事丹雘

華麗金碧輝映諸郡所無蓋臣子之心必誠必信又於亭之前爲小亭居叢桂之上扁曰天香亦致敬天之意亭道通泮池池之上又爲閣道通講堂堂朝於碑無一日不致瞻仰之意先是庚寅秋侯甫涖政首創尊經閣次御碑亭後先相繼其於學宮可謂詳且盡矣元草野布衣幸親見休光敢不執筆以書拜首稽首敬爲之記

重修州學碑記

劉之益

昔眞西山先生謂學以言夫學也學先聖學先賢學先儒同學也抑知循守良牧有可法可傳已能學而又足以導人之學使士偷之取人之學以成已之學亦皆學也又何殊於學先聖先賢先儒而乃謂之學哉則學宮之修誠不可淺視也已涪陵自程叔子官於此以學演夫易黃庭堅官於此以學精乎詩是理學而循良者也故生是邦者宋有達徹譙先生以談理名其學亞夫晏先生以淑惠名其學而明有秋佩劉先生以忠節名其學至兩關得提之儔莫不宗此學而魁元卓灼卿輔炳蔚殆皆醞釀於程與黃官是而然耳其文廟自有明邵公賢刱於前都憲陳公大道廣於後峩峩輝映洵西蜀一文獻觀也不謂獻寇燬燼舊宮不存而文風亦替我

大淸定鼎有署州趙公廷禎者慨然薄成一殿然艸

聽簡畧完不肅觀至

今上廿有十年廼得洪都蕭公諱星拱來守是邦繪以冊璽彙以兩廡使諸賢諸儒鄉賢名宦及啓聖四賢諸祠稽諸故典確其行狀鋟以木主治以俎豆春秋兩祀必誠必潔較他人尊幻妄之佛老建無補之殿閣孰得孰失耶其於諸生也按月必課課必得才序所予以爲筆硯資頻所給以爲惰窳勸而一時人文蔚起絃誦風生今秋闈又捷劉子

衍均晏子景宜爲修學之驗真足賛襄盛世郁美王國者歟余觀公之在涪也凛四知不受暮夜之遺士得學其潔省牘鍰不爲讟怨之蔽士得學其明辨真贗而章縫無濫與士得學其端嚴近習而侍從無私倖士得學其公肅彼析楊使猾蠹知畏士得學其刑清之源以撫字而寓於催科士得學其薄歛之隱又如葺衙廨民得聽仰勸懲均徭役民得就熟力荒士又得學其政事之宜凡此綫縷

未可悉舉惟兹修學一務洵閎人文而至重者歟
時贊政州幕王公諱運亨於修學佐理咸與有力
爰是畧即其事以壽諸石亦因公之學爲多士勸
是誠西山先生謂學以言夫學也云爾

塗山古碑記　　賈易巖

華陽志云渝郡塗山禹后家也古廟廢宋至正壬辰郡守費著仍建廟嘗考娶於塗山之說一謂在此一謂在九江當塗東漢郡志云塗山在巴郡江州杜預考曰巴國也有塗山禹廟又古巴郡志云山在縣東五千二百步岷江東所高七里周圍三十里酈道元水經云江州塗山有夏禹廟塗后祠九江當塗亦有之杜預所謂巴國江州乃今重慶

巴縣江州非九江之江州漢史蜀志有稽至今洞曰塗洞村曰塗村灘曰遮夫石曰啓母復合帝王世紀蜀本紀華陽國志元和志等書參考之禹乃汶山郡廣柔人其母有莘氏感星之異生禹於石紐廣柔隋改廣柔爲汶川石紐在茂域隸石泉軍所生之地方百里彝人共營之不敢居牧靈異可畏禹爲蜀人生於蜀娶於蜀古今人情不大相遠導江之役往來必經過門不顧爲可憑信先是帝

曾大父曰昌意爲黃帝次子娶蜀山氏生帝顓頊顓頊生鯀鯀生帝帝之娶於蜀又有自來又謂蜀塗山肇自人皇爲蜀君堂塗山之國亦一徵也至會諸侯於塗山當以九江郡者爲是東漢郡志云山在當塗杜預云在壽春東北今有禹會村柳子有銘藐子有詩且於天下稍向中會同於此宜矣通鑑外紀亦云禹娶塗山之女生子啓南巡狩會諸侯於塗山如是則娶而生子而後南巡南巡而

後會諸侯娶則在此會則在彼次序昭然會稽乃致羣臣之地或崩葬之所故有禹穴所謂塗山一曰棟山一曰防山紛紛不一太平乃晉成帝世當塗之民徙居於此故亦名其縣曰當塗好事者援此以爲說而實非塗山世次綿遠地名改易煩亂傳會不足徵況會稽當塗在禹時未入中國禹安得娶彼哉今特辨而正之庶祠廟之建得其本真而禹后受享於誕生之地尤不可闕爾

重修學宫碑記

王奕清 學使

涪郡自伊川程子謫居其地州人譙定執經於門得其指歸而舊侍几杖之尹焞又避跡來涪倡明理學各以道德師於鄉經明行修之士遂代不乏

大明宣德初始建學治南萬曆中陳恭藩踵事增華備極宏麗更置學田膳諸生以時課業故有明科第之盛甲於川東載諸志乘班班可考明末寇亂鞠爲灰燼我

欽定陞州守趙君朱君前後與修事雖草創未壯厥觀然春秋對越將事秉虔規制可漸後也洎滇逆蹂躪兵革頻仍舉兩賢之所經營又半付之寒烟蔓草歲壬戌蕭君始至自涪謁

先師顧瞻惕然懼無以自安特加修葺用妥明禋弟恢復之初工未易施多所缺畧甲申冬　董君來守是邦政尚聲教治從寬簡患除利興各以序爰念風化首先學校循行宫墻見其[illegible]蕪傷[illegible]附

修廟不繕理復其故再越歲政通人和吏民晏然

廼議舉

文廟而更新之維時諸薦紳黌髦曰此非以圖善吾

後而敢坐視自逸歟於是州守偕諸紳士咸有所

助鳩工庀材大興力作始於丙戌冬初迄於戊子

春仲積四百八十餘日而殿寢崇邃門廡靖深啓

聖名宦鄉賢諸祠煥然畢具加於舊規小大稱事

一無所苟既竣涓日齋戒率諸寮屬大合其秀士

陳牲幣三獻而落之請予爲書其事方予承

天子命督學來川所歷諸郡縣學大都風雨漂搖圮廢

不治頒行條約首舉與修諄諄誡勉廼諸司視爲

具文能以成事告者寥寥無幾　董君者於予未

檄行之前獨先身任其事留心文治於茲僅見夫

仕而受政教之寄究究知乎本源相與殫心一力

不費公不勞衆以底於成從此人文蔚起彬彬馴

雅接伊洛之宗者見焉式其人不復生於今剡

涪郡山川森秀摽松屏荔圃之竒擅銅柱錦洲之
勝以地靈而産人傑又理所必然也耶是爲記

西門關帝像靈顯記　夏道碩

蜀漢關夫子昔稱聖之烈者也海內外率廟而祀之久矣然性之近義者宗之性之近勇者慕之即未必能義能勇者有莫不畏之愛之庸者微之劣者亦謬而妄祝之是故敬其烈而亦仰其像也像土木也夫子則欲顯其靈亦不能使土木靈大槩或示於事或遊於夢或發其籤卜或托於迷魂囈語又或隱現於空中雲霧荒渺之域而已矣蓋不能

使其土木靈也唯吾涪西門外之關像則又土木靈焉異哉昔者先明甲申崇禎之十七年也六月初八日流賊張獻忠擁數十萬衆溯川江而上至於涪涪人走賊盡燬城內外官民舍涪赭凡廟之燬不待言即銅鐵之神像亦無不燬裂成鎔潰獨關廟雖燬而關像二法身巍然兩座若未嘗有變也者二法身前後相去約五七尺許前者高過人後者高丈餘火大作甎瓦厚重零星注下如雨而

二法身者皆土木也無寸毫燬近而瞻之冠履儼
然鬚髯如故金屑不剝至左右諸侍將則又皆燬
崩無尺金金刀四十餘斤亦色燬卷蝕止殿上中
梁墜於二法身[illegible]不燬其餘棟柱椽楹扆
案皆燬余將[illegible]號雖被創在火煙中亦得不
死賊去火熄[illegible]望二法身金光露處於瓦礫焦烙
之上三晝夜火氣猶蒸人及後人民歸見之起敬
隨以草蓬蓋護已而鳩工庀材構新殿居焉即今
殿是而今人入覲下拜以爲與新造者同而不知
仍爲有明來之舊身也今余六十有八矣恐事久
弗彰敬以聞之郡守蕭公公曰然吾將　勒石以
傳是爲記

建東壁閣記

按東壁圖書之府，往牒蓋侈談焉。[illegible]扶輿之秀者

鬪必先所關於世運人文，固有[illegible]區矣。蜀山水

之奇甲於宇內[illegible]所[illegible]宮隆起東

川以峨嵋爲[illegible]其[illegible]點流繞其

襟，犍星獨踞[illegible]四望雲霞飛

而波濤湧出[illegible]與他封而巽方宜

有臺閣庶輝煌之[illegible]士大夫每心計之而不

敢請天假[illegible]公以六部人豪來守是邦。一日

謁宗[illegible]廟[illegible]士[illegible]人杰[illegible]何邈

奇而標之[illegible]以[illegible]風虎之介

其嶇與乎[illegible]不[illegible]木[illegible]

竣當奏最闕下[illegible]

立爲坊表[illegible]

以彷彿五大[illegible]

同[illegible]

具造而成畫舫征帆往來三江之渚目躍神爽若
盼泰山之巔而游劍閣之下也再閲月而落成侯
乃詔諸學博士大夫觴於其上風响錚錚星辰可
摘把酒臨風其喜洋洋有不鼓豪傑之氣而乘運
光啓者乎侯之曾大父於嘉靖間振鐸涪庠與傳
郡乘侯之紹美赫赫然有光而兩嗣君當舞象時名
動三川矣侯之萬世功獨在涪也乎哉侯之治涪
更先民瘼三載底績四封口碑嘖嘖具在惠政録

詩

丹鳳音與人頌東壁閣之建其一 璜云侯諱家民
別號任宇進士雲南尚靖府人

余侯重立知稼亭

夏國孝 明戶部員外

惟我郡大夫重農務稼政先立本如至諭諸民曰若治生尚其毋後稼事夫稼事也者賤而用貴畢而教尊勞而享逸爾尚及時芟柞徂濕徂畛澤澤厥耕綿綿厥耘成茲嘉穀以治百禮以貢賦事以寧爾婦子衆口諾比恭承藩臬文宗南村阮公前明水利悉心茲務區畫十有二條憂深思切曲盡事宜相期有成儆至大夫曰仁人於民也心之憂矣言聞之政成之寢而弗行是重遺德意與孤民曠者也乃齋於卜日再申諭民曰治生莫如稼治稼莫如滋滋潤成實上農也陂塘渠堰諸所瀦水也爾其從事如法濬淤洞塞崇污拓隘厚防固基然合四塞之衝廷九曲之道開張巨浸引廻洪流若橫私要擅怠荒玩愒吾其任之衆曰諾大夫曰役民而罔躬先非以均勞慰怨而與作則也民誰與我乃測影正方搆亭鑿塘於州城南隅扁曰知

[illegible]呼盡之矣亭成州人士再拜屬寔山夏子爲
記夏子曰聞諸耕法沿耒耜之教爲說愈長然嘏
講之曰益久水者天地之澤予無窮願溢則澇涸
則旱旱澇之災也夫耕法嘏講而水之利潤反以災
旱澇者在政夫政也者贊化者也因利導以制其
中殺不可勝食也稽古哲聖經野畫田爰講溝洫
詩曰信彼南山維禹甸之我疆我理東南其畝之
謂也顧茲偷畫上下式成其以勤民皆太上意也

可以訓矣嗟夫隆替者有數也興廢者事也賢不肖
者人也亭址久湮伊今再作日居月諸知後如何
嗣是代至若見羊牀禮剪伐棠蔭自可考政與德
緬思舊賢其於南村公暨郡大夫遺意重有怵邑
且於公論有餘擱可不慎哉南村公楚麻城甲科
號通擬守君濟門接惠政滂敷盖不獨此

儒學去思碑記　　夏國孝

涪諸子伐石取之敬爲師康西舍氏碑式以記思頌德也按西舍以辛卯歲月領涪教事甲午再從漢州學諸子思之俾式是以勒將事請諸尊者乃郡大夫逼巖余公曰善我偕我僚獎率工作贊厥汝成以慰汝諸子志昭勸也惟庠廣文項竹岡氏張虞齋氏陳西峯氏李東泉氏曰善我思我賢延佇芳躅二三子兹舉吾志也相與測景卜方即碑成問記夏子國孝曰思而賠情厚之道也稱德而圖德於素則辭無詭也舉不踰節禮也緣公敷論弃阿也合是四者可謂矣將記有三五歷階而前曰某嘗入侍先生曰予有親長乎爰及起居諭厥職事務於怡豫且戒以毋怠荒徒悲風木某退而讓於孝弟知從事也願托意兹石已而三五復歷階而前曰某入侍先生曰汝勝氣作敖非艮於德益重有損孔子曰履德之基也謙德之柄也履而

無罔不臧于盡慎諸衆退而貶抑得寡過也願之
意茲石有頃則有言曰某困乏不藉先生曰子曰
毋賴毋爲貧援以爲身心憂空乏拂亂上哲有之
矣時一捐給以資舉火願托意茲石有頃有言者
如悲如訴曰某負罔門遺病甚怪蓋厲氣也晨昏
絕炊戚里裹足痿痺待斃先生獨無忌禁時遺慰
問餉以米粥得全活無恙願托意茲石寔子援筆
謹書諸稱說輻輳石不可徧書有對石而祝者始

曰石不盡書尚有餘願刻深文紓羅其與海嶽同
居毋祝曰石書不盡我蔽獻思所未書意有餘三
祝曰心其思矣托石書否不我載恨何如祝畢而
翼環立進子曰猗歟休哉茲可考德夫縣余暇舉
過者弗顧豈謂人遐地僻而諸子一二百餘人懷之
同心罔悖勞費故曰可以考德西舍貌古質樸言
訥非能作飾快人獨誠心無救直道不阿乃其大
致也誠能動物而自信人其感心宜諸于亦寔於

思也爾巳或日西舍清心寡欲務施不取且温和容與應逢衆心噫清心寡欲西舍之素也樂施而無泛當取而弗給温而有理和而益方故日非能作餙快人者也況行通於鄉教先諸躬修基諸獨其所乎久矣不然何首事之日郡大夫主之同列和之兹大道之所同也故日可以考德康先生名艮材字在朝號西舍江西泰和人

署涪守不波胡公生祠碑記　　陳許長 明孝廉

丁卯冬涪紳士庚謂余曰我署事胡公德成政立所至難泯涪地受恩猶渥祀弗可廢也請以記其實公名平表字不波滇南人舉鄉進士初選授縣令政忠州判承乏涪篆因得是任先後淹於宦途蓋有年矣而公持身居官始終斷斷如也署官初蒞時例有公堂供奉公一無所受至於餽遺蒸糈纖細必却從[illegible]詞訟事旁午公案無留牘朝至

夕發處之若無事而尤恤於刑讞決詳平稱紳有過力爲保全無敢刻詆維時夏月多旱公禱立雨春來多雨公禱又立晴是何天人响應如斯也而其最不可諠者辛酉秋永[illegible]爲奢寅所破遠近閧然騷動全省公聞之髮指親詣石柱司請秦兵堵截復躬率[illegible]勇羣援衣甲冑而袵鋒鏑圍役月餘奢寅就擒蜀乃安堵論功錫爵公雖漸陟方岳而名不酬實公亦脫然名利外矣由今思之向令不

有堵截之一行是時大兵未臻長涪以下又安可問哉蓋公清操日飭於躬經濟日備於豫是以治未朞月而所在整暇罕所匹也夫功德及於民者皆崇一代之祀典如房謙之於長葛文翁之於成都皆爲立祠以永其傳誦涪人豈伴木石而不圖所以慰遠念者嗟嗟龔黃風邈吏治如救火揚沸而民不聊生公以手不染而心如鏡隨之事亦帖如亦復挺身湯火而使民不罹於水火刀兵靡不

緻之祭之樂爲之祠有何秘哉余曰唯爲之記而繫以頌曰古稱不朽以功以德施不在多期於當阨涪俗囂囂惟公之撫涪俗蚩蚩惟公是廸一塵不染百孔是塞誠可格天謀足經國非大英敵孰將我即非大手眼孰安反側得保安康伊誰之力有山巍巍有水湜湜公之在茲孔邇罔斁旦暮祇事猶慎不克于休胡公不愧血食

無米洲記　陳計長

杜少陵客夔有年酷嗜吟咏不能徙去每有所寓皆名高齋考其文水門者爲白帝城之高齋依藥餌者爲瀼西之高齋見一川者爲東屯之高齋故其詩有高齋非一處之句余數至夔訪高齋之遺址屢見城市丘墟父老罕識莫名其處適丙子之役予以公車旋里道經巫峽夏水泛漲相傳有灧澦堆如鼈瞿塘行舟絶之語於是舍舟而陸歷高

巖峻壁僅得少坦步郊原上遥望有洲考其洲之名居人曰名無米洲以其隣於高齋爲少陵往來盤桓吟壇地靈壟塌萬不實生田[illegible]洲上有廬舍額曰大雅堂按少陵遊蹟[illegible]其在夔獨三年平生所賦凡千四百有六篇而在夔作者三百六十有一以是知山川之[illegible]發洩殆盡昔陸務觀曰少陵天下士也早遇明皇見知實深嘗慨然以稷契自許及落魂至夔客於栢中丞嚴明府間[illegible]

九尺丈夫俛首居小屋下思一吐氣而不可得乎讀詩至小臣議論絕老病客殊方抑何言之悲也且見少陵非區區於仕進者向者闕者孫 上高齋故基指其屋隘而陋甚惜之閔景賢願出力更築之客謂不可隘而陋亦不可侈而大此少陵詠茅避世之意今洲之大雅堂亦多湫隘嘆此老其眼如此何用梯其意焉

野猪巖記

陳計長

巴城之東越銅鑼峽有古灘城爲巴子置津處名野猪巖渡法人奔岸上止以空船競渡因洄水觸巖洶湧異常不得不奔趨於巖以攩舟患惟見灘巖壁立路僅一綫縮首蹐身下視則萬頃湍流驚波震耳行者苦之余毋文恭人身經其處嘆曰幽閨之人誰知履險之危有如此者稍失足則魚腹矣若使鳩工修葺令家監者稍寬嶮峭者稍平約費百金此工可竣我何惜簪珥而不爲稍舒道路之厄乎於是命匠鑿補未一月而工成行者稱便命計長爲記勒石時崇禎乙亥中元日也

石鼓溪記　陳計長

涪西於黃巘沱之上有溪因畋行暴雨土瀉崖崩現出石鼓一具洗閱字畫模糊扣之無聲昔人以問張華華曰可用蜀中桐木刻作魚形扣之則鳴至於字畫則考之鳳翔孔廟有石鼓文詞可讀也詞云我車既攻我馬亦同又云其魚維何維鱮維鯉何以貫之維楊維柳惟此六句可讀餘不可通穫子瞻云憶昔周室歌鴻雁當時籀史變蝌蚪則

石鼓之字蓋蝌蚪之變韓退之有蝌蚪書後記云李陽冰之子服之授予以其家蝌蚪孝經漢衛宏官書兩部合一卷且曰古書得其依據蓋可讀如是則退之宜識蝌蚪書者而石鼓歌乃云辭嚴義密讀難曉字體不類隸與蝌今子瞻乃能通其大句則子瞻爲精於字學矣歐陽集古跋尾盖謂韋應物以爲文王之鼓韓退之以爲宣王之鼓不知何據李取退之好古不妄者爲可信然未嘗載其

文至子由和予瞻詩云形雖不具意有可知昔歐陽永叔云古初石鼓有十一半有文一半無文其可見者四百一十七字可識者二百七十二字可通者一十六字今石鼓之字蹟類剝蝕竟不可通意其爲無文之鼓乎如法桐魚扣之微覺鏗鏗誠古物也借以名溪俾傳不朽

紀變畧言

夏道碩

天啓元年辛酉四月貴州土司奢崇明奉調入重慶城巡撫王至演武場點兵給餉不知奢酋包藏禍心是時賊目樊隆舞刀而前張同以標戕射殺巡撫於堂上遂反城中大亂警傳至涪署州判胡平表扁舟徒步入石砫司請兵救胥庭之哭司女官秦良玉率所部上援賊趨成都良玉入城安撫涪境亦寧涪人爲胡公搆生祠於城北

崇禎十六年癸未五月江北搖黃賊十三家爭天王袁韜回隊王友進必反王劉維明等攻刼鶴遊坪地殺刼焚擄北岸人民避渡南岸十七年甲申正月賊燒李渡鎮州城恐分守道劉鱗長發標兵百餘渡北哨探遇賊殺敗標兵餘衆奔回本年六月初五日夔巫十三隘總統曾英率部兵渡西岸退保涪城涪西江濱聯以木栿沉賊張獻忠尾其後初八日賊大至賊船繼進分守道劉公退走綦

江郡守馮公退走彭水是日午後曾英寡不敵衆退走望州關至薄暮賊追至英下馬持弓殿於關口要路堵截我兵乃得過關賊衆湧上英與短兵相接爲賊傷昏仆落坡下夜深賊去英甦起復從小路奔去由南川至綦江賊焚官民舍城內外盡燼十一日賊水陸二路起營陸由南川水由大江十八日會於重慶攻城城破舊撫陳公士奇郡守王公行儉巴縣尹王公錫俱死節是時瑞王自秦來渝避兵爲賊所執欲殺之天大雷雨震電如相救狀賊竟害之其殺僇慘烈不忍悉言賊上成都屠城蜀王全宮赴井撫按院龍文光劉之勃等俱死節賊僭稱西朝改元大順事載總志曾英於九月內從綦練兵至江津下重慶兵漸集至乙酉三月賊發僞水軍都督張廣才下取川東曾英船泊兩岸警至英佈置如法令家眷雜船放涪州小河內止留戰船發水師于大海等水路迎敵延陣白

率馬步從北岸潛赴合州地襲取虞才老營於功
城賊潰奔江淹死無数於是兩路夾攻賊大敗退
回我涪疆因有兩載之寧督師王應熊爲英題督
總兵繼題平寇伯有印至丙戌十月内獻賊在成
都聞
國朝王師入川乃棄城東逃獻賊於路間爲王師一
矢而殪賊衆潰至十二月潰賊抵重慶曾英發兵
堵禦未及佈置而各家眷雜船望風亂開萬艘蔽

江又素所降賊兵營中放火内應英倉皇上戰船
與賊戰船重溺死賊乃渡江走遵義入黔進滇曾
英之潰將李占春于大海等放舟至涪至丁亥正
月又北岸摇黄賊袁韜亦率衆数萬軍於涪名爲
降順而刼掠如故涪人流離至五月
國朝肅王發貝勒貝子諸營下取涪州袁韜大敗渡
小河東岸走貴州湄潭縣去八月李占春混名李
鷂子同諸營上復渝城十一月内以本營袁韜與

李占春等爭功自相攻殺占春不勝退下涪州至戊子正月占春乃結營於涪之江心平西壩上日以採糧扨掠爲事人衆失耕饑饉瘟疫俱作人相食死者不啻十之九由是百里無煙至辛卯獻孽孫可望稱秦王從滇下黔入蜀勢并諸營檄聯占春不聽七月内賊至占春潰遂同于大海放舟下楚投誠於

國朝而涪已空矣

百花賛　　夏道碩

春光明媚大塊烟迷開名園以幽賞美花工之逞奇簾捲東風觀不盡綠雲紅雨鳥啼斗帳夢都成紫蝶黄鸝景翳翳以相屬色燦燦而爭施歛蕚欲拆既含羞於半面披枝相見意巧笑於芳姿影娟嬈而歷亂態綽約而攸宜一肌一容逑王孫之腸斷或踈或密牽公子之魂離方素質而淡妝則若耶之匀粉及彩流而濃飾則昭陽之日移豈獨有

情而欲語抑將無言而成蹊因人分天氣發輿分遡馳尊爲王占爲魁從人標榜詩爲澆洒爲伴着意訂期繪紫陽之文章落片片於水面映漣漪之酷嗜浮冞冞於清池墻短紛岐闌不住蕭郎佳麗鮮裝投贈即何妨陌上委虵承露葳森非鼓催於唐苑向日舒沁宰剪綵於隋堤馥郁氛氲似身引乎月殿夭嬌婉孌宜美逢於瓊基采采盈筐濕羅襪而莫顧行行且止晚步驟而誰訾雖零露殘霜

猶勁貞於香砌節況風和旭釀自乘輿而於於
翠積五城豪氣五陵磊落聲同十友聯珠十道出
濟雲流畫閣之中清香暗襲月出東山之上疎影
横披着雨偶肥猶勝環兒庭前態臨風起舞不減
妃子掌上吹可佩芬焉淑祉亦發英乎東籬十里
馬飛新郎君將迷歸路三年海上舊社主未老開
枝酥潤天堦宫娥輦眷自惜蟬聯珊好鳥偷眼
下窺步春前則美人翩来月下殿春後則學士高
詠雲衣照水亭亭陳思不禁淩波賦倚欄憇憇天

實微呼睡熟時樂平泉而坐久就金谷而品題自
分天工之剪裁何来曉風之威從故知上苑之遊
勝盡屬諧臣之婿茲肴紫肴緋玉堂人盛服朝天
云裝金裝璧肉屏裹笑顔勸酒巵允矣佳辰趣部
華於錦繡慶哉樂事修臈黛於手儀莫待蹉跎閒
臺已成璀璨休云孤負東園忍令參差從銀缸之
相吐青煙影縈玉雪之餘醉蕊之恒依稀豈如仙

渥隣鹿角那堪眞藥上蜂鬚所賴韻士風流尋芳
屑葉若逢騷人雅集命號喇㾓家臥麒麟誰識生
前開謝堂歸語燕頻與東主興衰但許珊然珮環
輕移穿徑祇嫌醉餘俗惡慢採狂持倘折幾莖於
膽瓶香生書案即揷兩朶於寶髻善動腰肢莫怪
臨老人叢最恐妖容弗愛須信明年猶健唯寒骨方
知三島雲封琪樹應留楚楚五更風起子結何恨
遲遲嘆名言之莫罄還欣鑑之靡私聊開繡口於

夢筆更鋪玉版於葩詩或輶軒之足採未風雨之
可歎

夏烈女毀形守志歌

錦水寒江江之側雲山黯慘忽異色誰氏有女掘乾坤山川爲之亦含惻婉柔原出自名楣一點氷心是婦師雲屏月冷盈襟淚翠幙霜寒罷風吹衝芷爲心松栢質七戒森森只從一書圖相敬儼如生再裏可使質太乙當年褓佩何殷殷還期地下共修文夢魂慚對巫山雨淚竹常飛湘浦雲明星沉沉粧鏡墜慷慨引刀明此志緑雲不染翡翠汚白璧耻爲脂粉地生則同衾死共窀九泉須合骨如銀風會不堪長太息稻舟千載作孤吟睢陽之齒常山舌嚴將之頭侍中血古今烈婦與忠臣炳炳芳聲揭日月

江心石魚歌　杜同春

江心石梁亘千尺下有雙魚古時迹霜飛石出寒江空波靜魚浮苔影碧相傳神物兆年豐刻鑿寧論自化工盈虛消息本至理胡爲魚也居其功我來涪陵値儉歲斗米三百困生計心尤是物不肯出未挽天心早默契今年江波照眼明春沙漾日波紋輕少府携我醉石畔指點眞魚鬐鬣平可憐歲久苦蕩蝕拂沙捫石始物色三十六鱗尓有無芷兮蓮兮那可識更聞去年冠蓋集曾覩鰋鰋還濈濈失水寧憂遭豫且經過豈效河中泣余何爲休亙咎徵苦饑怪爾終難凴翻疑濤湧浪花拍一朝變化俱雲騰乃今見爾心偪側念爾濟時恐無力皷翼難隨石燕飛潛身倖免漁人得忽逢一顧使君仁拂拭重施巧匠勤年年且慰蒼生望愼勿傷心已失眞

涪州　　宋　陸　游

古壘西偏曉繫舟倚欄搔首思悠悠欲營丹竈竟無地不見荔枝空遶遊宦覺是江多亂石人家避水半危樓使君不用勤留客瘴雨蠻雲我欲愁

涪陵十韻　　馬提幹

地据襟喉重城依雉堞堅東瀕陸楚分南望帶夔邊舟楫三川會封疆五郡連人烟繁峽内風物冠江前溪自吳公邑圖由妃子傳許雄山共峻馬援埧州聯灘急犇猪沸崖高落馬懸石奐占歲稔鐵櫃驗諸天地暖冬無雪人貧歲不饑巖標山谷子觀索爾朱仙

涪陵八景

黔水澄清　　余　光

縈廻冷浸碧無瑕圖畫天開景最嘉醉後船頭洗鸂鶒水晶宫裏弄烟霞

松屏列翠

勝蹟天生古澗苔根柯欝翠壓冊青平生愛石輕
珍寶移入書齋作畫屏

桂樓秋月

天香萬斛散乾坤楼對氷輪懶閉門午夜静觀無
缺處分明足躡到天根

荔圃春風

托根涪地豈尋常色絢猩紅春正香妃子惟誇風
味別誰知鼙鼓動漁陽

鐵櫃樵歌

名山如櫃紫雲鄉野調清幽寵辱忘行客不知心
上趣猶訾音韻少宮商

鑑湖漁笛

霜落迴沱似鑑明紅塵静處小舟横古今多少傷
心事盡在蓬窗笛数聲

羣猪夜吼

急湍交流怪石横萬山雪化勢如傾月明午夜聲

號怒只爲當朝抱不平

白鶴時鳴

苕長溪磯水落潮滉吟仙子鶴鳴霄北聰午夜頻
驚覺疑是虞廷奏九韶

黔水澄清　　夏邦謨

分得龍門一脉精粼粼鴨綠照人明遠通貴水來
仙島近會川流到玉京洗墨任揮明道硯烹茶堪
汲子瞻清東風吹散碧桃落萬點飛花鏡面行

松屏列翠

形色天生豈偶然松屏佳號至今傳千年霜雪雲
根老萬古虬龍鐵壁堅一本生成蒼更茂數枝猶
帶雨和烟四時獨對江濱立疑是歲寒不語仙

桂樓秋月

老桂婆娑白玉樓月華三五正中秋天香有種清
虛散寶鑑何人玉斧修金粟清芬横海宇仙娥粧
黙出雲頭歲中能有幾宵好吟到天明意未休

荔圃春風

南海移來種亦奇貞姿絢爛艷陽時焉知涪地珠林實偏重昭陽國色知當日曾勞人遠貢而今不復馬飛馳喜逢風德同堯舜獨重賢才不重斯

鐵櫃樵歌

長安不去逐匿名阿澗操斤度此生伐木倦依丹桂坐採薪身帶白雲行兩三互唱層霄上遠近遥聞出谷聲此是太平真景象紅塵能解幾何人

鑑湖漁笛

綸下江流不自持小舟撐住學桓伊疎狂有笛隨時樂斷續無腔任意吹午日梅花千古調秋風楊柳幾枝詞數聲何處來雲水六國三朝動客思

羣猪夜吼

涪地名灘何陡峻遼東羣豕勢參差浪翻臘雪風迴夜聲吼春雷月上時驚碎往來名利膽苦催蹙客短長詩今朝默默端然坐忍向中流更皺眉

白鶴時鳴

萬丈玉龍趨壑衮地幽塵絶景奇哉當年雲水鳴仙侶此日名灘漾碧苔風外羽從三島去浪頭聲向九皐來蓬窓睡起船頭坐雪浪催詩次第裁

北巖寺　　陳計長

白雲知所好荒草木山路巖石多稜稜止許高僧住壁立萬斯年藤蘿雜古樹江翻島亦沉木斬臺先露幸有基址存苦無檀越護比丘失講場野鳥上階步轉嗟西日翁邦同遠山暮徒有扣關心遲

寫空歸句

鐵櫃城

鐵櫃久不見屹立胡遲遲連弩需勁卒相傳赤甲高至今黃草峽猶疑白戰袍石甕積還在臥龍法全銷四望城屢壞白雉頓蓬蒿瞿唐猶象馬蜀道白雲霄餘民知幾許歸心方欝陶冊籠未易覓棲枝安可樵焦寂寞羣猶渚千年何夜號

涪陵

涪陵岑寂久無門[illegible]去猶堪石枕眠行盡阮車空有淚燒殘稽[illegible][illegible][illegible]仙青山突兀頻當戶綠水蒼凉自湧泉聞說慶平心似鐵恐於歸賦亦潸然

魚蠻

人居市壓聚于隱淮水中形聲不相吊心事漫形容竹木爲居室編排浮水濛魚蝦堪作糧無用美農工劈水探魴鯉易如拾芥漢于焉蕃孫子婚嫁索水宮此爲魚蠻樂惟知踏浪雄人間租稅大蒼地便成種何如魚蠻子兩脚履虛空虛空難久待應與舟車同魚蠻搶地泣切勿語桑弘

北山覽古　　夏道碩

屹然江上[illegible][illegible]雲屏橫絕中流勢不羣山谷當年何所激樞題知已獨非君

望鐵櫃城

仙樵幽龍自何年城郭人民幾海田我欲結茅

勝槩蕭森鐵櫃意欣然

坐點易洞

點易洞前江水廻石龕猶似露珠來時人莫謾登臨覽不朽人文掛碧苔

重修碧雲亭

北巖石色碧雲眠昔有瓊亭今杳然龍樹不教雲出岫亭成依舊宿亭邊

石魚兆豐　章　緒

波心遺跡幾千年何事神魚璧石鐫出沒槎頭應瑞物浮沉半面識機元時和抱石雙雙見歲稔文鱗六六全精有詩詞揚不朽大書豐稔至今傳

荔圃春風

鐵櫃城西驛路賒幾人重問絳枝斜空餘古苑憐芳草謾道天公妬艷花環珮香銷曾牧馬畫圖珍味對寒沙年年亦有春風至不是當時景物華

鹽湖漁笛

夕照凝暉晚景縣湖光如練月初斜晃舠調弄清江曲鼓枻聲新徹水涯鶴骨忽悲雷澤椰柯椽吹落渭濱花爲問律呂誰相聯得備君山父老槎

白鶴時鳴

江上潺湲白鶴洲於今鶴去歲千秋吹笙不復緱山見雷鼓遺音蜀水頭日日潮聲鳴太液年年羽化咽清流共傳華表歸飛後仙語星星逐浪愁

羣豬夜吼

羣豬相搏暮雲愁拄砥狂瀾白浪收河伯雷車過石峽馮夷鼉鼓涯雙流夢驚鐵騎笳鳴塞枕憶金風木落秋靜夜奔濤爭激轉江橫地軸鎖名州

黔水澄清　　夏景宣

嚮然不滓粹而精引入平川獨自明潤物脈原通鬼國朝宗勢欲拱神京濯纓有客偏宜潔把鈎無功任至清閒倚曲欄看競渡菱花影裏一舟行

柗屏列翠

屹立不思翠宛然蓁封高秩代相傳羣芳亦秀容常變衆木雖高節不堅疎影獨篩清夜月濃陰長帶舊時烟蒼龍赤甲當庭峙免逐晋侯去學仙

桂樓秋月

可是元龍百尺樓嬉宮兎闕蒲天秋好凴李白停杯問漫向吳剛覓斧修此夂光分廛市宅當年香繞泮池頭不知天上婆娑影瑩照寰區甚日休

荔圃春風

是處虬珠本擅奇名闗景物異當時自闘存去湮難辨蔡譜傳來罕見知幸有春風能鼓物莫嗟歲月去如馳土膏不敗靈根在足稱栽培億萬斯

鐵櫃樵歌

不解隨羣博利名碧山深處自謀生持柯曉出穿雲去荷担宵歸帶月行野調全從山谷響狂歌半雜水流聲採薪只合逢儔侶看到棋終定幾人

鑑湖漁笛

鈎羅縱舟傾自持大江一曲傲桓伊折殘楊柳輕
輕下落盡梅花款款吹水底魚龍驚別調波間風
月弄新詞何人與製柯亭竹截玉鎖星慰我愁

羣猪夜吼

河伯梟雄江險絕將軍長嘯石參差蹄翻春浪奔
騰處舌捲秋濤蕩漾時放去無蹤歸入笠聽來有
韻欲催詩我來占得獲安吉莫遣聞聲蹙兩眉

白鶴時鳴

不到華亭不自哀憂然江上亦悠哉羽隨雪浪標
清態聲答銀濤響綠苔瀧㵾乘軒投衛去或曾入
夢見穢來江城得此清歡倍幾度閒吟漫取裁

荔圃春風 唐天寶時楊貴妃取荔枝于此　董維祺

斯圃名何日人傳天寶中惟餘芳草碧不見荔枝
紅南海香同列東川事已空酸甜雖有味耐得幾
春風

桂楼秋月 昔明倫堂後有桂高百尺

一片小山月偏濛危樹中原非分玉闕竟爾襲豐
宮桂在秋還在樓空月不空何其消永漏翹首問
蒼穹

鐵櫃樵歌 高敞軒豁樵者集之歌聲達市

空谷誰傳響聲來鐵櫃中爛柯人已去伐木鳥初
工朝出樵雲白宵歸載日紅並肩三五者廻矣市
城風

鑑湖漁笛 黯水秋澄漁舟群集磯邊弄笛聲入悠揚

無賬因浪穩瀟灑捕魚翁宛似桃源客猶然蓑長
公調高千嶂月曲靜一江風試問今何世茲茲煙

水中

羣豬夜吼 去城十五里爰月水灘洶湧之聲深夜驚人

滔滔流不住橫鎖在滸東時[illegible]聲中斷鄉思分外
窮黃昏疑塞馬黑夜類[illegible]灘上常騰沸何時聽
乃聰

白鶴時鳴 城西有石梁橫汇昔有朱仙乘鶴至此聲聞于天

[illegible]

素秦爲伯賦官嘯逵九穹猿啼千古恨雁陣幾行

空此地非棲處何緣偃息聊惟於清夜裏領畧夢

遼東

石魚兆豐 州前江心石梁如帶上刻石魚一雙芝草一叢蓮花旁有斗秤見則年豐

石磴雙鱗甲何年乾水宮芝蓮供吐吸星斗任傍

通既伺瀾將逐中流波更紅前人多少句總爲兆

年豐

松屏列翠 涪州有巨石如屏上有松紋枝葉交加宛若圖畫

文光山奪盡秀色列屏風形勝朱顏媛神傳綠髮

翁自然參造化絕不假人工漫道碑無字猶鬱石

結叢

羣猪灘記　夏景宣

涪江東北距城三里許有灘焉怪石林立色純黑

如豕有巨者細者起者伏者蹶蹄奮者昂首噴者

麗然而苗壯者羸瘦欲折如失養者磊落錯出參

差萬狀盛夏水勢洶湧洄湃聲上接城市夜聽益

徵俗名曰羣猪夜吼爲涪陵八景之一其由來舊
矣昔工部詩有云白狗斜臨北黄牛更在東余嘗
以公車北上往復於巫山三峽間諏得其所謂白
狗黄牛者非實有狗若牛也凡以水石相遭搏擊
成聲榜人舟子上下其間率厥天真隨意命名不
以象拘不以形求一人呼之千百人繼而傳之葢
不知幾歷年所矣故少陵句中亦仍俗號未之有
改兹之羣猪得無類是惜乎子美無詩猪之不幸

不若狗牛之幸也乃有好事者易羣爲瓊易猪爲
珠甚至刻之巖壁間以矜新而示異意者荆山石
裡早自成聲老蚌胎中便能作吼吾不知於義何
居也抑或謂珠之於猪有清濁之異不無貴賤之
分將欲假一字爲山水重乎夫從來人傑地靈山
川之生色惟其人不惟其物也如謂清而貴者之
可以假重而濁且賤者之不足以表異也則是歷
山之聖人不與鹿豕同遊而季倫之緑珠始足以

照耀千古也益見其謬矣至謂常有江猪噴吼者
其說尤爲膠柱

舊序

夏道碩

志非耶業也涪雖支郡亦可比於古諸侯百里之封古諸侯皆各有史官以紀其事而書其山川人物蓋務以示[illegible]後也自秦漢以來始郡縣其天下而郡縣始有分志

皇朝始合有一統志是一統之合亦縣分而集耳然則郡縣微志太史何由而採風後裔何由而稽古又況各處山川風俗人情事蹟世世相續人人相師如木之本而水之源乎涪志自明嘉靖間我先大父冠山公以一時史才之望爲郡大夫歷鄉里人士推之而事乃舉頗覺明備迨甲申賊變後不啻秦灰蕩然無存矣維余小子[illegible]悒不能紹揚先烈繼我箕裘僅記述其序文更遍覓諸石刻不勝手澤之感茲幸同戚友數老人皆躬當明盛又親嘗亂離底此又四十年豈天之特遺数老以續前徽而啓後勁耶所尤頼

當事賢公撫形勝而慨流風曰古志既亡矣昔潛世求尚書於伏博士雖云口誦而所關尤大今朝廷方纂修明史購求天下遺書以備蘭臺之選諸先生得無意乎於是乘斯餘齡考厥成迹草成一帙聊以呈公覽塞吾責而已嗟夫舊志成於先大父者正德隆平百事燦列猶可資闡今志之續於我敬老人者起亂而治承靡而與較昔爲難孟夫子謂無此見知安有聞知且吾涪之先輩尚忠厚樹清節纍纍疊疊盖不止以科名爵秩爲地重者至今猶令人仰止慨慕不衰也後之作者尚其勉諸

涪州志䟦

郡志一書非僅紀山川列風土也考之周禮小史氏掌邦國之志而郡邑之載不乏學士大夫多兢兢於世焉顧稱循良而兼良史者非具體國經野之才擅淹貫弘通之識安能俾一郡之人一郡之事使貞淫正變燦若雲漢上貢輶軒採擇珥筆

彤庭與

國史並傳不朽哉 朝于

董使君不勝忻藉焉

公自甲申歲奉

簡命而來牧茲土也迄今十有二稔 公本慈祥爲懷氷蘗自矢民歌樂只士登絃誦譸張者歛跡頑梗者畏服蒸然稱上理焉 公下車之明年以學校爲起化之原他務未遑首建 黌宮萬仞巍峩冠冕全治旋置禮器釋奠鼓篋俾諸生以時習禮於其中嗣後科名雀起人文蔚盛皆

公閈建培風力也他如淸戶口也而侵越患息錮楚民也而兼并風衰以至嚴保甲而桂奪取也而人民安堵婚姻以正自是利典弊革次第擧擧今於地乘尤惓惓焉浩志創始于明季自迭遭秦灰訪之故老而漸滅殆盡 公始博採風謠蒐羅掌故從鄉郡人劉夏文諸先生繕本於公退之暇殫力讐校核据精詳付諸梨棗壹而不飾質而不

俚簡而該確而當序次謙冲
不掩前烈仰　公之意與涪
人士覽斯志也曰某也忠某
也孝某也節某也義人心風
俗咸繫于此寧僅誌山川列
風土爲紀載之羣文哉所謂

循良而兼良史才洵不誣也
志鋟于甲午秋仲閱六月而
告竣予　朝濫芋苜蓿薰炙
公之德教又復覩郡乘之遍
觀厥成益思不知頌　公幾
經心力而獲覩茲盛舉矣因

不揣固陋敬附卮言于簡末

旹

康熙五十四年歲次乙未春王

正月上澣涪州儒學訓導鄰

治年家晚生漢昌孫于朝謹

跋